AF390623

Vente du Mercredi 24 Novembre 1875,

SUCCESSION COUVREUR

OBJETS D'ART

ET

ARMES

EXPOSITION PUBLIQUE : le Mardi 23 Novembre 1875

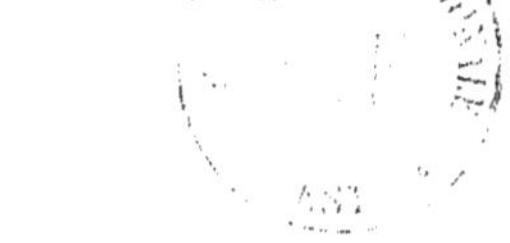

COMMISSAIRES-PRISEURS :

Me CHARLES PILLET,	Me MAURICE DELESTRE,
10, rue de la Grange-Batelière.	rue Drouot, 23.

EXPERT :

M. CHARLES MANNHEIM, 7, rue Saint-Georges.

CATALOGUE

DES

OBJETS D'ART

ET

ARMES ANCIENNES

AUTEL PORTATIF AU XIII⁰ SIÈCLE

Émaux champlevés et de Limoges ; Matières précieuses ;
Pendules allemandes du XVI⁰ siècle ; Coffrets des XV⁰ et XVI⁰ siècles ;
Mortiers en porphyre rouge oriental ; Vitraux ; Manuscrits ; Objets variés de l'Orient ;
Armes européennes et orientales.

Dépendant de la succession de M. COUVREUR

ET DONT LA VENTE AURA LIEU

HOTEL DROUOT, SALLE N° 3

Le Mercredi 24 Novembre 1875,

A DEUX HEURES.

COMMISSAIRES-PRISEURS :

Mᵉ CHARLES PILLET,	Mᵉ MAURICE DELESTRE,
10, rue de la Grange-Batelière.	SUCCESSEUR DE Mᵒ DELBERGUE-CORMONT, rue Drouot, 23.

EXPERT :

M. CHARLES MANNHEIM, 7, rue Saint-Georges,

Chez lesquels se trouve le présent Catalogue.

EXPOSITION PUBLIQUE : le Mardi 23 Novembre 1875,
DE UNE HEURE A CINQ HEURES.

CONDITIONS DE LA VENTE

Elle sera faite au comptant.

Les adjudicataires payeront *cinq pour cent* en sus des enchères.

L'exposition mettant le public à même de se rendre compte de l'état des objets, il ne sera admis aucune réclamation une fois l'adjudication prononcée.

Paris. — Imprimerie Pillet fils aîné, rue des Grands-Augustins, 5.

DÉSIGNATION DES OBJETS

ARMES

1 — Grande et belle épée à deux mains à garde et lame gravés.

2 — Petit fusil à pierre. Il porte sur la crosse une plaque d'argent gravé indiquant ce qui suit : *Ce petit fusil qui a appartenu au Dauphin (Louis XVII) a été recueilli et religieusement conservé par M. Lelong, inspecteur de tous les détails d'administration de la maison du Roi, mort à Versailles en 1832, à l'âge de 104 ans.*

3 — Belle selle orientale en velours rouge brodé en fin et garnie en argent ciselé à fleurs et doré en partie.

4 — Sabre à lame courbe en damas avec fourreau et poignée garnis en argent.

5 — Sabre analogue avec fourreau et poignée en damas damasquiné d'or. Travail persan.

6 — Épée de cour à poignée en bronze du Tonkin.

7 — Épée Louis XIII à coquille ornée de figures de cavaliers en relief.

8 — Yatagan avec fourreau et poignée garnis en argent. La poignée est niellée.

9 — Deux kriss malais.

10 — Pistolet circassien garni en argent niellé.

11 — Sabre persan à poignée en jade et fer damasquiné d'or.

12-14 — Quatre fusils orientaux, l'un d'eux garni d'argent et de corail.

15 — Fusil à rouet, à batterie unie. xvi° siècle.

16 — Deux dagues à lames striées et repercées à jour.

17 — Corset en fer découpé à jour. xvii° siècle.

18 — Petite rondache brise-lame, en fer et cloutée de cuivre.

19 — Deux épées de cour à poignées d'argent, dont une du temps de Louis XV, et l'autre du temps de Louis XVI.

20 — Deux pistolets de salon de Lefaucheux, dans leur
boîte en bois noir et accompagnés de leurs ustensiles.

21 — Fusil de chasse à deux coups de Lepage.

22 — Petite carabine à deux coups avec canon signé :
Arlot à Paris.

23 — Deux pistolets de Boutet à Versailles.

24 — Deux poignées d'épées de cour en acier taillé et
poli.

25 — Deux petits pistolets garnis en argent gravé.

26 — Couteau chinois à poignée de jade et fourreau en
cuivre ciselé, doré et émaillé.

27 — Poignard oriental à manche et fourreau en argent
repoussé.

28 — Quatre dagues à poignées variées.

29 — Deux pièces orientales en argent et corail ; amorçoir et mesure à poudre.

30 — Amorçoir en bois sculpté. Travail oriental.

31 — Petit amorçoir de forme circulaire en cuivre à dou-
ble sujet de bataille en relief.

32 — Belle attache de ceinturon en deux parties, en cuivre
ciselé et doré, et à ornements de style gothique re-
percés à jour. Travail allemand.

OBJETS VARIÉS

33 — Curieux autel portatif du xiiie siècle, formé d'une
plaque de porphyre rouge oriental encadrée d'argent.
Le plat de l'encadrement porte, gravés en creux, le
Christ en croix, les symboles des quatre évangélistes,
l'Agneau pascal, les figures de saint Jean, de la Made-
leine et de deux anges. Dans l'épaisseur, la garniture,
malheureusement incomplète, porte les fragments
d'inscriptions latines suivantes, dont les caractères
sont niellés.

DISCIPVLVS. PLORAT. RAPHAEL. QVEM SEMP. ADORAT

..... NITRIX MERET. GABRIEL. CVISES ADHERET

INCEMIT HIC LVE..... PRO REGI..... SET.....

Pièce rare. Haut., 26 cent. ; larg., 14 cent. ; épaisseur,
33 millim.

33 *bis.* — Deux figures d'appliques en cuivre champlevé et
émaillé avec réserves dorées et yeux d'émail. Le Christ
assis bénissant, et saint apôtre. xiiie siècle.

34 — Six plaques rondes décorées d'armoiries, et plaque
rectangulaire décorée de figures, le tout en cuivre
champlevé et émaillé. xiiie siècle.

35 — Bague en fer composée de deux syrènes, de mascarons et d'ornements dans le style de la Renaissance.

36 — Plaque en fer repoussé et découpé à jour, représentant Adam et Ève tentés par le Serpent.

37 — Trois pièces en fer : étui incomplet incrusté d'argent, porte-mousqueton en fer gravé et doré, et plaque carrée damasquinée d'or.

38 — Manche en cristal de roche, monté en filigrane d'argent.

39 — Deux pièces : porte-pinceaux en cristal de roche, et petit vase carré en jade blanc.

40 — Tableau vénitien en cuivre doré incrusté de corail, et plaque de lapis sur laquelle est appliquée une figure de Vierge. Il est entouré de rinceaux découpés à jour, avec têtes de chérubins en relief et rosaces émaillées. XVIᵉ siècle.

41 — Manuscrit sur vélin du XVIIᵉ siècle. — Titres de noblesse conférés à la famille Colonna.

42 — Sceptre chinois en bois dur, orné de trois plaques en jade verdâtre, gravé à fleurs et repercé à jour.

43 — Petite coupe ronde en jade verdâtre, à pois saillants réservés et à deux anses, têtes chimériques prises dans la masse.

44 — Petit gobelet en cristal de roche, taillé à côtes et à feuillages en relief et monté sur pied à balustre.

45 — Petite coupe ronde à lobes et sur pied bas, en cristal de roche uni.

46 — Ode imprimée en 1838 pour le duc de Nemours, et offerte au Roi, à l'occasion de la prise de Constantine. Reliure en maroquin rouge.

47 — Deux pièces en fer incrusté d'argent : pommeau d'épée et plaque ovale à fleurons découpés. xvie siècle.

48 — Reliquaire du xive siècle, en cuivre et cristal de roche, en forme de rosace ou chape. Le revers, en cuivre rouge, offre cinq cavités et des ornements dorés.

49 — Petite pendule allemande de forme carrée, en cuivre gravé, à ornements et pilastres aux angles. xvie siècle.

50 — Coffret à couvercle bombé couvert en velours noir et garni d'ornements en cuivre découpé.

51 — Coupe ronde persane en cuivre gravé. L'intérieur porte, paraît-il, les principaux passages du Coran.

52 — Pendule allemande de forme carrée, en cuivre gravé et doré et à colonnettes ornées aux angles. xvie siècle.

53 — Jolie plaque, émail de Limoges, par Pierre Cour-
tois, peinte en émaux de couleurs et rehaussée d'or.
Elle représente le Christ entre les larrons.

54 — Petit panneau en hauteur, en bois finement sculpté
et découpé par Bonsanigo. Il se compose d'enroule-
ments et de figures.

55 — Colombe en cuivre doré sur socle carré enrichi
d'émaux champlevés du XIII° siècle.

56 — Croix en cristal de roche montée en cuivre gravé et
offrant, au centre, une sainte face peinte en minia-
ture.

57 — Quatre mosaïques plates de Florence, représentant
des ornements et montées dans des cadres en bronze
doré.

58 — Quatre petites tasses avec soucoupes en émail, décorées de figures allégoriques représentant les Saisons
et montées en argent doré.

59 — Deux pièces en verre de Venise, dont un petit broc
du XVI° siècle, décoré de points d'émail et rehaussé
d'or.

60 — Quatre flacons persans de forme carrée, décorés de
figures et de fleurs émaillées en couleurs et rehaussé
d'or.

61 — Petit miroir avec encadrement formé de quatre plaques d'émail de Limoges, à bustes et ornements.

62 — Petit vase en forme de balustre à pans en cristal de
roche. Travail chinois.

63 — Deux pièces de travail chinois : petite coupe en arse-
nic, et chimère couchée en cristal de roche.

64 — Deux figurines de musiciens automates en cuivre
doré. xvie sièle.

65 — Deux petites trompes en ivoire.

66 — Petit marteau de porte en fer, orné de mascarons et
de dauphins.

67 — Trois petits écrans en jade blanc verdâtre, gravés
à paysages et figures, et montés en bois.

68 — Deux appliques en cuivre émaillé, décorées de fleurs
et d'oiseaux. Travail chinois.

69 — Petit plateau et six tasses en pierre de lard sculptée.
Les tasses sont doublées en argent.

70 — Deux figurines de Chinois en bambou sculpté.

71 — Petite coupe en cristal de roche avec anses formées
de deux animaux. Travail chinois.

72 — Quatre amulettes chinoises en cornaline à plusieurs
couches.

73 — Coffret du xv⁰ siècle, de forme oblongue, à figures et ornements, en pâte en relief et rehaussé de couleurs et d'or. Travail vénitien.

74 — Coffret de forme rectangulaire et à couvercle en toit, en bois sculpté à animaux fantastiques et ornements. xiii⁰ siècle.

75 — Coffret vénitien rectangulaire, en marqueterie de bois et enrichi de sculptures en os. xv⁰ siècle.

76 — Trois mortiers en porphyre rouge oriental. Ils seront vendus séparément.

77 — Instrument en cuivre gravé, portant les armes de France et l'inscription suivante : *Nouvelle table d'arithmétique contenant toutes les parties de cette science, et dont les opérations se font d'une manière aussi curieuse et aussi prompte que certaine. De l'Épine, invenit et fecit, 1724.*

78 — Plat rond en cuivre battu, offrant au centre un écusson émaillé sur argent.

79 — Support de brasero en fer à colonnettes et ornements en fer découpé.

80 — Tableau composé d'une croix et de quatre bas-reliefs représentant des saints personnages, en bois sculpté. Travail du xiii⁰ siècle.

81 — Très-grand vidrecome à couvercle en cuivre doré, enrichi de parties émaillées. Reproduction galvanoplastique d'une pièce remarquable du xvi° siècle.

82 — Narguilhé en métal incrusté d'argent, et longue tige supportant le fourneau en argent.

83 — Vitrail ancien à armoiries.

84 — Six vitraux à armoiries et sujets variés.

85 — Lot de généalogies, diplômes, etc., sur vélin, de diverses époques.

86 — Divers manuscrits indiens sur feuilles de palmier.

87 — Coffret du Tonkin, en bois dur incrusté de nacre de perle.

88 — Tige en fer forgé et ciselé, ornée d'aigles en relief et de fleurs de lis.

89 — Bouilloire gothique en cuivre jaune à anse mobile.

90 — Tam-tam dans sa monture en bois noir.

91 — Violon portant le nom de Tinancourt, à Paris, 1807.

92 — Trois bras en cuivre à ornements gothiques découpés et à dragons et figurines.

93 — Buire orientale en cuivre gravé, portant des traces
de dorure.

94 — Petit triptyque russe, à sujets peints en couleurs sur
fond d'or.

95 — Sorte de mandoline, de travail indien, en ivoire et
manche burgauté.

96 — Cage de pendule en serpentin d'Égypte.

97 — Deux boîtes à jeux, garnies de fiches en nacre de
perle.

98 — Boîte Louis XIII, plaquée d'écaille et garnie en
cuivre.

99 — Morceau d'étoffe de soie à fleurs brochées, rehaus-
sées de parties tissées en fin.

100 — Boîte à christ en marqueterie de bois, décorée de
figures d'anges et d'armoiries.

101 — Médaillon rond en émail : buste de Pâris.

102 — Bas-relief en cuivre représentant le Portement de
croix.

103 — Bas-relief en cuivre argenté, représentant la créa-
tion des animaux.

104 — Deux petites bouteilles en émail cloisonné de la Chine, à fleurs sur fond bleu.

105 — Deux porte-allumettes de même travail.

106 — Deux très-petits brûle-parfums de forme surbaissée, de même travail.

107 — Bas-relief en étain représentant une scène d'exécution.

108 — Joli petit cadre de forme rectangulaire en bois sculpté. xvii⁰ siècle.

109 — Discours du Roi prononcé le 5 mai 1789, jour où Sa Majesté a fait l'ouverture des États généraux. Imprimé sur soie, de l'imprimerie de Didot l'aîné.

110 — Petit plateau à angles coupés, en acier découpé à jour et poli, sur fond de cuivre.

111 — Bénitier en cuivre à anse mobile rattachée par deux mascarons. xv⁰ siècle.

112 — Petite sphère en cuivre doré enrichie de médaillons rapportés, émaillés sur or. xvii⁰ siècle.

113 — Lot de planches gravées d'après Moreau et autres, pour Bible ou Histoire sainte.

114 — Deux planches gravées, l'une représente une scène champêtre d'après Watteau, et l'autre le portrait de l'amiral La Perouse.

115 — Deux bassins à laver en cuivre champlevé et émaillé à figures et ornements.

116 — Petit cabinet du xvie siècle couvert en cuir gaufré et contenant des petits tiroirs marquetés.

117 — Reliure de livre en cuivre gaufré avec attaches en argent ciselé et doré à figures. xvie siècle.

118 — Crosse et trois écussons armoriés en cuivre gravé, provenant de plaques tombales. xve siècle.

119 — Deux manuscrits sur vélin. — Titres de noblesse accordés par le czar Pierre le Grand et Catherine au comte Bruce, savant astronome. L'un d'eux est orné du portrait de la czarine.

120 — In-4º. Les Statuts de l'ordre du Saint-Esprit estably par Henri IIIe du nom roy de France et de Pologne au mois de décembre l'an M.D.LXXVII. — De l'imprimerie royale MDCCIII. Reliure en maroquin rouge doré au fer et armes de France.

121 — In-4º. Monnaies des comtes de Provence, M.DCC.LXX, avec planches.

122 — Manuscrit petit in-8º. — Recueil de dévotes prières pour passer saintement la journée. Écrit par Damoiselet, 1760.

123 — Deux manuscrits arabes avec reliure en peau gaufrée.

124 — Trois volumes imprimés, dont un relié en maroquin rouge portant un écusson armorié mi-partie France.

125 — Porte-livre en cuir gaufré à ornements, animaux et inscriptions. XV° siècle.

126 — Petite horloge en forme de croix en cuivre doré. XVII° siècle.

127 — Serrure en fer à ornements gothiques découpés à jour.

128 — Deux lampes persanes en forme d'oiseaux en cuivre gravé.

129 — Trois boucles de ceinture en cuivre émaillé. Travail oriental.

130 — Deux cadres en cuivre doré, fleurons rapportés en argent et pierreries.

131 — Quatre petits socles en malachite.

132 — Petite couronne en cuivre doré à ornements découpés, figurines ciselées et pierreries. XVI° siècle.

133 — Coffret persan de forme rectangulaire en cuivre gravé et incrusté d'argent.

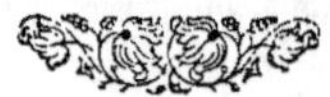